MW00323526

DIOS NO CREA *Milagros*
¡TÚ LO HACES!

Distribuido por Publishers Group West

DIOS

NO CREA

Milagros

¡TÚ LO HACES!

YEHUDÁ BERG

Para mayor información:

Kabbalah Centre
155 E. 48th St., New York, NY 10017
1062 S. Robertson Blvd., Los Ángeles, CA 90035

1.800.Kabbalah www.kabbalah.com

Primera edición en español:
Mayo 2006
Impreso en EE.UU.
ISBN13: 978-1-57189-553-0
ISBN10: 1-57189-553-1

Diseño: Hyun Min Lee

D E D I C A T O R I A

Para el Rav . . .

ÍNDICE

www.72.com

AGRADECIMIENTOS

Me gustaría dar las gracias a todas aquellas personas que han hecho posible este libro.

Primero y principalmente, al Rav y Karen Berg, mis padres y maestros. Les estaré eternamente agradecido por su constante guía, sabiduría y apoyo incondicional. Yo soy tan sólo uno más de los muchos que han sido tocados por su amor y sabiduría.

A Michael Berg, mi hermano, por tu constante apoyo y amistad, y por tu visión y fuerza. Tu presencia en mi vida me motiva a llegar a ser lo mejor que puedo ser.

A mi esposa, Michal, por tu amor y dedicación; por tu poder silencioso; por tu belleza, claridad y tu forma de ser tan poco complicada. Eres la fuerte base que me da seguridad para elevar mi vuelo.

A David, Moshe, Channa, y Yakov, los preciosos regalos en mi vida que me recuerdan a diario cuánto falta por hacer para asegurarnos de que el mañana sea mejor que el hoy.

A Billy Phillips, uno de mis amigos más cercanos, por tu ayuda para que este libro fuera posible. La contribución que haces a diario y de tantas maneras en el Centro de Kabbalah es apreciada mucho más de lo que te puedas imaginar.

A Andy Behrman, gracias por tu constante y apasionada búsqueda de la verdad, y por dedicar tus talentos a ayudar a nuestro equipo a crear la diferencia en este mundo.

A Don Opper, Hyun Lee, Christian Witkin, y Esther Sibilia, cuyas contribuciones han hecho que la calidad e integridad físicas de todo lo que hacemos estén a la altura del patrimonio espiritual de esta increíble sabiduría que me ha sido transmitida por mi padre, el Rav Berg.

A Lisa Mirchin, Courtney Taylor, Sharon Oberfeld, e Igor Iskiev: gracias por compartir sus regalos para lograr que más personas puedan tener acceso a las herramientas con las cuales descubrir su destino.

Deseo agradecer a Rich Freese, Eric Kettunen, y a todo el equipo de PGW por su visión y apoyo. Su eficiencia proactiva nos brinda la confianza necesaria para producir más y más libros sobre la Kabbalah, para que todo el mundo pueda beneficiarse de esta asombrosa sabiduría.

A todos los Jevre de todos los Centros de Kabbalah del mundo: las noches que hemos compartido juntos estudiando alimentan mi pasión para llevarle el poder de la Kabbalah a todo el mundo. Ustedes son parte de mí y de mi familia, dondequiera que se encuentren.

A los estudiantes que estudian Kabbalah alrededor del mundo: su deseo de aprender, de mejorar sus vidas y de compartir con el mundo es una inspiración. Los milagros que escucho de ustedes a diario hacen que todo lo que hago valga la pena.

¡D I O S   N U N C A   L O   H I Z O !

¡Dios no crea milagros! Un título como éste puede parecer una blasfemia o, por lo menos, una afirmación profana hecha por algún ateo radical; pero antes de que cierres de un golpe este libro, te aseguro que éste no es el caso. Según la antigua sabiduría de la Kabbalah, no sólo es verdad que Dios no crea milagros, sino que esto le permite a Dios estar en mejor predisposición para la humanidad, mucho más de lo que puedas imaginarte.

Míralo de esta manera: si Dios es todo bondad, si Dios es todopoderoso, ¿realmente piensas que Él haría milagros por el bien de una persona y no de otra si ambas tuvieran la misma necesidad? ¿Realmente piensas que Dios tiene sus favoritos?

Una persona se cura milagrosamente de una enfermedad, mientras que otra continúa sufriendo. ¿Realmente aceptas, en lo más profundo de tu corazón, la vieja respuesta tradicional de: "Dios trabaja en formas misteriosas"?

Y si Dios verdaderamente responde a una plegaria y cura a una persona enferma, ¿por qué se detiene ahí? En otras palabras, si una persona que va en silla de ruedas se levanta milagrosamente y camina porque es la voluntad de Dios hacer un milagro, ¿por qué no hace Dios otro milagro y le concede a esta persona la inmortalidad y la felicidad infinita? ¿Qué clase de milagro es aquel que te cura de una enfermedad para finalmente dejarte morir más tarde por otra causa? Esto claramente implicaría que hay una limitación en el poder de un milagro otorgado por Dios.

LAS PREGUNTAS DIFÍCILES

Si todas las preguntas formuladas no te han dado motivos para cuestionarte la participación de Dios en los milagros, aquí tienes algunas más:

Si Dios llevó a cabo todos los milagros que cuenta La Biblia, ¿por qué no hizo el milagro más grande de todos: acabar con todo el sufrimiento, las enfermedades, la tristeza y la muerte en el mundo?

¿Crees que Dios puede partir el Mar Rojo en dos pero no puede partir el mar de caos que arrasa al mundo?

Si puede, ¿por qué no lo hace?

Si no puede, ¿podrías afirmar entonces que Dios es todopoderoso?

Ahora piensa en esto:

Si Dios es *sólo* bondad y Su poder es *infinito*, los milagros deberían suceder todo el tiempo, todos los días, a todas horas. Cada vez que tú los necesitaras. ¿Por qué un ser humano debería sufrir ni cinco minutos si Dios puede transformar todo el mundo en un nanosegundo?

¿A qué está esperando Dios?

Sólo a una cosa:

¡Te está esperando a ti!

EL VERDADERO PRODUCTOR DE MILAGROS

Si no tienes el coraje para hacerte estas difíciles preguntas, nunca comprenderás la antigua fórmula para realizar un milagro. Por el contrario, si estás preparado para hacerte estas preguntas, profundas respuestas y milagros te esperan en las páginas que siguen.

Comencemos por entender el rol de Dios en nuestras vidas, en este mundo y en la aparición de un milagro de buena fe.

Comprendiendo a Dios

La Kabbalah afirma que Dios es todopoderoso. La Kabbalah afirma que Dios es sólo bondad. De hecho, ningún tipo de caos, sufrimiento, negatividad o tragedia puede atribuirse a Dios.

Por ejemplo, consideremos el significado de la palabra bueno.

Bueno sólo significa bueno. Punto. No incluye nada negativo o malo. Por lo tanto, lo malo no puede emerger de lo bueno. No sería lógico.

Dios puede definirse como la *mayor* bondad posible. Por lo tanto, ninguna maldad puede nunca emerger de Dios. Y eso significa *nunca*.

Una vez dicho esto, podemos afirmar que Dios *no* hace los milagros para ti. Eres *tú* mismo el que hace posible los milagros, consciente o inconscientemente. También eres tú quien responde a tus propias plegarias.

Por favor, no entres en pánico. Esto de ninguna manera modifica el rol de Dios como la *fuente verdadera* de todos los milagros y de la bondad en el mundo. Así que, como ves, este libro no es en absoluto una blasfemia.

Sé lo que te estás preguntando:

> *¿Cómo reconciliamos la idea de que Dios no realiza milagros con la idea de que Dios sigue*

siendo la fuente principal de todos los milagros?

Finalmente, después de miles de años, ¡alguien está haciendo la pregunta correcta!

El Rol de Dios en la Realización de Milagros

Según la Kabbalah, Dios es una fuerza positiva infinitamente poderosa. *Tú* creas tus propios milagros cuando te *conectas* con éxito a esta fuerza de bondad infinita. El concepto clave aquí es la *conexión*.

Sin embargo, son tu esfuerzo, tu trabajo y tu compromiso físico, emocional y espiritual los que causan milagros en tu mundo físico. Como verás, por las razones que te explicaremos en breve, conectarse verdaderamente con Dios conlleva un gran esfuerzo.

EL PODER DE LA CONEXIÓN

Esta es una simple pero profunda analogía que por fin resolverá miles de años de malentendidos acerca de Dios, el sufrimiento humano, las plegarias sin responder y todos los extraordinarios milagros que con poca frecuencia suceden en el mundo.

Imagina un enorme auditorio totalmente oscuro dentro del cual se encuentran tres personas que se sienten incómodas, ya que se encuentran perdidas en la oscuridad más absoluta. Entonces, la primera persona reza a la electricidad para que encienda las luces; pero nada sucede. La segunda hace algo más: erige rápidamente una pequeña sinagoga, iglesia o mezquita dentro del auditorio para adorar a la electricidad con la esperanza de que ésta encienda las luces. Pero todavía no sucede nada. Entonces, las dos primeras personas se juntan para escribir en rollos de pergamino palabras de alabanza a esta fuerza invisible, y hablan de ella con historias y parábolas. Nada sucede.

La tercera persona, que todo ese tiempo ha permanecido sentada, pacientemente se incorpora, se acerca al interruptor de luz y lo enciende. Inmediatamente, el auditorio se llena de luz.

En este ejemplo tan simple, la electricidad es una analogía de la Luz del Creador. Igual que la fuerza de la electricidad nunca se niega conscientemente a satisfacer tu demanda de encender tus aparatos domésticos y lámparas, la fuerza de Dios tampoco se niega a contestar tus plegarias para obtener un milagro. De hecho, un Dios que es todo piedad y compasión, por definición, nunca contestaría con un "no" a una petición. Si hablamos de blasfemia, personalmente creo que sería blasfemo creer —aunque fuera por un segundo— que Dios pudiera negarse a una petición, o incluso creer que trabaja de formas misteriosas.

Entonces, ¿cuál es el problema de fondo? ¿Por qué hay toda esta confusión entre la gente? ¿Por qué tus plegarias no obtienen respuesta?

Así como una lámpara debe primero conectarse a la corriente eléctrica para recibir la energía, tú también debes conectarte a la fuerza de Dios para recibir el poder de los milagros.

La electricidad *siempre* está ahí. Siempre está presente, lista, disponible, y dispuesta a satisfacer todas tus necesidades de energía, *¡pero sólo si te conectas a ella!* La fuerza de Dios trabaja exactamente de la misma forma. Esta fuerza está en todos lados y en todas las cosas, pero debes saber *cómo* trabaja y dar los pasos activos para establecer la conexión con ella.

Mi padre una vez me dijo que tener un número de teléfono correcto no es suficiente. Debes ir hasta el teléfono y marcar el número si deseas conectarte con la otra parte y obtener una respuesta.

De ahora en adelante, consideremos la sabiduría de este libro como el número de teléfono de Dios. Practicar esta sabiduría es la manera de marcar ese número . . . de forma gratuita.

POR QUÉ EXISTE LA OSCURIDAD

La analogía de la electricidad funciona muy bien para ayudarnos a comprender por qué existe sufrimiento en el mundo. Si conectas una tostadora a un enchufe para hacerte una tostada, estás preparando una comida que te da vida. Si metes un dedo en ese mismo enchufe, todo lo que obtienes es un shock eléctrico, además de un dolor molesto, posiblemente acompañado por un cortocircuito que cortará el suministro eléctrico de tu casa, por lo que acabarás a oscuras.

El problema con el mundo es éste: durante los últimos miles de años la humanidad ha estado viviendo con su dedo en el enchufe. El resultado ha sido un mundo de oscuridad y mucho dolor.

Pero hay esperanza. Y este libro, no sólo te enseñará cómo crear milagros mediante una conexión segura a la fuerza infinita que llamamos Dios, sino que también te ayudará a sacar tu dedo de ese enchufe para que finalmente puedas acabar con todos los cortocircuitos que hay en tu vida.

EL ESFUERZO ES NECESARIO

Muchas religiones te dicen que Dios se encuentra presente en todas partes y que todo lo que debes hacer es apreciarlo y ser consciente de su presencia para poder recibirlo en tu vida.

La Kabbalah dice: *¡ojalá fuera así de simple!* Muchas personas sienten la presencia de Dios y aun así no logran los milagros que necesitan. Por supuesto que pueden obtener consuelo durante una crisis personal o una tragedia pensando que Dios está presente o creyendo que Dios tiene un motivo para traerles su desgracia. Este enfoque quizá pueda ayudarles a sobrellevar esos momentos de un modo más efectivo. Sin embargo, aquí es donde la Kabbalah traza una línea.

La Kabbalah no trata acerca de sobrellevar el caos o de encontrar consuelo mientras lo vives. La Kabbalah trata sobre cómo *curar* el caos y *corregir* la causa raíz de las crisis para que éstas desaparezcan sin dejar rastro.

De Sobrellevar a Curar

La vida nunca fue pensada para sobrellevar los problemas o encontrar consuelo durante una catástrofe. La vida consiste en curar cualquier cosa que te cause dolor y crear un mundo de felicidad infinita. Conformarse con algo menos que esto es negar la verdad de la bondad infinita de Dios y Su deseo de compartir Su Luz con el mundo.

Apreciación, conciencia y fe no son suficientes. Si te encontraras en una habitación oscura, valorando y reconociendo la existencia de la electricidad, esto no haría que la luz se encendiese. Debes llevar a cabo una acción física, como la de acercarte al interruptor y moverlo a la posición de encendido.

Si No Es Ahora, ¿Cuándo?

Hacer milagros tiene que ver con el esfuerzo, no con la fe. Se trata de trabajar un poco, no de creer firmemente o de reconocer la existencia una fuerza invisible. Se trata de actuar ahora y no de esperar la intervención de una fuerza sobrenatural que intervenga en nuestro nombre en algún momento futuro.

Existe una formula, una técnica práctica para realizar la conexión y lograr los milagros que necesitas.
Y esto es de lo que se trata la Kabbalah. Esto es de lo que siempre se ha tratado la Kabbalah.

La Kabbalah contesta a tus preguntas y te proporciona herramientas. No hace mucho que el mundo sabe de su disponibilidad, por eso las preguntas más desafiantes de la humanidad todavía siguen sin respuesta, y los deseos más profundos siguen sin ser cumplidos.

Pero esto se acabó.

LAS PREGUNTAS MÁS ANTIGUAS DEL MUNDO

Todos llegamos al mundo haciéndonos las mismas grandes preguntas: ¿Cuál es la razón de estar vivos? ¿Por qué nuestra vida está llena de tanto dolor y sufrimiento? ¿Existe realmente un Creador? ¿Por qué nuestras plegarias no obtienen respuesta? ¿Y cómo podemos superar el dolor y traer alegría y realización auténticas a nuestras vidas?

Quizá hayas oído decir que los mortales no podemos encontrar respuestas a estas preguntas. Quizá te dijeron que sólo Dios conoce las respuestas y que debes esperar hasta el Fin de los Días o hasta la aparición del Mesías para enterarte de lo que está sucediendo verdaderamente.

Los principios que se extraen de la Kabbalah nos ofrecen esas respuestas *ahora*. *La Tierra Prometida* es la tierra en la que vives en este momento. Concretamente, esta sabiduría y su uso adecuado permitirá que los milagros sean una realidad ahora y para siempre.

Allí Donde el Poder Pertenece

La Kabbalah siempre ha prometido este poder. Tal vez por eso el sistema religioso desprecie y sienta tanto temor hacia esta antigua sabiduría, ya que ésta ha tomado el poder de Dios de las manos de la religión organizada y lo ha devuelto a su lugar de pertenencia: *las personas*.

Hacer que los milagros ocurran depende totalmente de ti y de cómo aprovechas tu capacidad para controlar la materia con tu mente.

¿Controlar la materia con mi mente?

Sí, absolutamente. Comprendo que esto puede significar un cambio radical en tu conciencia, pero la Kabbalah trata que te des cuenta de tu verdadero poder.

Hasta ahora, probablemente pensabas que los milagros estaban fuera de tu control. O no creías en los milagros en absoluto. O cuando sucedían, los considerabas una mera coincidencia. O creías que los milagros quizá sucedieron en tiempos bíblicos, pero que ya no forman parte de nuestra vida.

Los milagros no son algo que ocurría solamente en el pasado, y tampoco algo que sólo le sucede a la gente "especial". No tienes que ser un individuo santo ni moralmente recto, ni un gran sabio o experto en la Kabbalah para crear milagros. Además, la religión, la raza y el género no tienen impacto alguno en la realización de los milagros. Todos podemos realizar milagros, pero la mayoría de las personas simplemente no saben que pueden hacerlo, y tampoco saben cómo.

Entonces, ¿estás preparado para aprender lo que la Kabbalah tiene para enseñarte? ¿Estás preparado para traer milagros a tu vida?

¡Hagámoslo realidad!

LA NECESIDAD DEL ESCEPTICISMO

Si eres escéptico, eso es bueno. Los antiguos kabbalistas apreciaban el valor del escepticismo porque los escépticos hacen lo que deben hacer: pensar de forma crítica y cuestionarlo todo. Yo hago lo mismo, y no espero menos de ti.

> *Una de las reglas fundamentales de la Kabbalah es que creas lo que lees no sólo por haberlo leído, sino por haber comprobado por ti mismo que es cierto.*

Verás, el mismo escepticismo que acarreas acerca del concepto de los milagros puede ayudarte a ver a través de las limitaciones de tu propia existencia física. De hecho, lo primero sobre lo que debes ser escéptico es la realidad y la autenticidad del mundo que te rodea. Comienza a cuestionarte la realidad del caos y los problemas que te rodean. Porque, según la ciencia, ¡el mundo ante nuestros ojos no es más que una ilusión!

Penetremos ahora en esta ilusión y descubramos la verdadera naturaleza de la realidad.

COMPRENDIENDO LA REALIDAD

Actualmente estás pasando por un mal momento. Y por eso has escogido este libro. Sientes que la vida es una lucha. Aun en tus mejores días, algún tipo de caos siempre te está esperando a la vuelta de la esquina. Puede que estés sufriendo una depresión. O quizá sufras de estrés; quizá andes tambaleándote a causa de una separación o un divorcio. Como la mayoría de las personas, probablemente no estés satisfecho con tu trabajo, o estés preocupado por si eres un buen padre, o te sientas exhausto intentando pagar todas tus deudas.

Puede que tengas padres mayores que necesitan tu atención y cuidado. Desearías tener más apoyo, tiempo, dinero y oportunidades para hacer las cosas que realmente quieres hacer en tu vida.

Estás buscando un milagro, quizá dos o tres. Pero tu mente racional te dice: "los verdaderos milagros son demasiado buenos como para convertirse en realidad. Nunca alcanzaré la felicidad, no es para mí."

Todo este dolor, tristeza y desesperanza, según la Kabbalah, representa solamente el 1% de la verdadera realidad. Lo llamaremos el **Reino del 1%**.

El restante 99% de realidad está oculto detrás de una cortina. Llamaremos a esta realidad oculta el **Reino del 99%**.

El propósito de la Kabbalah (y de este libro) es ayudarte a ver a través de esa cortina que te mantiene en la oscuridad. El libro que tienes en las manos fue creado para abrir tus ojos al resto de tu hermosa realidad: el 99% de la existencia que no percibes con tus cinco sentidos. Ese 99% oculto tiene mucho más para ofrecerte que la frustración, el caos y la aparente incertidumbre que hay en tu vida. Tiene el poder de todos tus milagros.

¡Imagina que pudieras conectarte con el *Reino del 99%* cada vez que lo desearas!

¡Imagínate! . . . Cada vez que experimentaste ese esquivo sexto sentido, te estabas conectando con el 99%.

Cada vez que uno de tus sueños se hizo realidad, estabas en línea con el 99%.

Cuando un error se acabó convirtiendo en una bendición, cuando conociste a la persona adecuada en el momento adecuado, cuando tuviste suerte, de alguna manera estabas conectado con el 99%.

Básicamente, la inspiración creativa, las ideas increíbles, la pasión y el entusiasmo por la vida, la confianza, el amor y la sensación de seguridad, todos son ejemplos del acceso al *Reino del 99%*. De hecho, según la Kabbalah, cada descubrimiento positivo en la historia, cada buena invención, todos los desarrollos y progresos positivos realizados a lo largo de los años, ocurrieron cada vez que un individuo se conectó con ese reino oculto tan poderoso.

Kabbalah y la realización de Milagros tratan acerca de saber cómo acceder al Reino del 99% siempre que lo necesites.

LOS REINOS DEL 1% Y DEL 99%

Para ayudarte a comprender mejor la naturaleza de la realidad, volvamos a la analogía de la electricidad. El poder de la fuerza eléctrica está en todas partes; está en las paredes de tu casa, y en el cielo. Incluso en tu propio cuerpo. El Dr. Rodolfo Llinas, neurocientífico de la Facultad de Medicina de la Universidad de Nueva York, afirma:

> *"Nuestros pensamientos, nuestra capacidad para movernos, ver, soñar, todo esto está fundamentalmente organizado y conducido por impulsos eléctricos".*

Sin embargo, la fuerza de la electricidad permanece oculta a nuestros sentidos hasta que un rayo la revela ante nuestros ojos. O hasta que una chispa salta cuando el metal roza el pavimento. La fuerza eléctrica se encuentra en estado potencial hasta que se enciende una lámpara, revelando la luz de la bombilla. Permanece inactiva hasta que conectas un calentador portátil a la corriente y tu cuerpo siente el calor.

Durante miles de años, el mundo vivió en la oscuridad, sin todos los maravillosos beneficios que el poder eléctrico hoy nos ofrece y que nosotros damos por sentado. En el caso de que nunca te hayas detenido a pensar en esto, tómate un momento y piénsalo. Sin electricidad, no hay:

> *Televisión para entretenerte, aire acondicionado para enfriarte, estufas para calentarte, computadoras para ayudarte, centros comerciales donde comprar, rascacielos de oficinas en los que trabajar, ascensores y escaleras para llevarte arriba y abajo, hornos, tostadoras, batidoras, mezcladoras y neveras para ayudarte a alimentarte, farolas en las calles y lámparas en los interiores para iluminar tu camino.*

Y la lista sigue y sigue.

Todos estos beneficios y lujos permanecieron ocultos detrás de una cortina durante miles de años, hasta que la fuerza de la electricidad fue finalmente revelada hace tan sólo unas décadas.

Esta fuerza invisible de energía eléctrica es la metáfora para el *Reino del 99%*.

Toda la felicidad, alegría, curación, realización y serenidad que buscas en la vida están ocultas en el *Reino del 99%*. El poder de los milagros se encuentra realmente a tu alrededor. Puedes sentirlo. Hasta casi puedes saborearlo. Tu instinto te dice que se encuentra en todos lados, y es por eso que lo buscas las 24 horas del día. De forma innata, sabes que la felicidad se encuentra allí, al alcance de tu mano, y es por eso que la vida se vuelve tan deprimente y tan frustrante cuando te falta.

LA REALIDAD DE LA ILUSIÓN

Hay una cosa más que sabes en un nivel subconsciente, del alma: la felicidad es la única cosa verdaderamente real. La oscuridad, el dolor y todos esos molestos problemas son solamente un espejismo, una ilusión, igual que la oscuridad temporal que se produce cuando el interruptor se encuentra en la posición de apagado. Mueve el interruptor y la oscuridad desaparecerá. *¡Increíble, qué milagro!*

Hasta el gran científico Albert Einstein creía que el mundo que percibimos es realmente un fantasma, una construcción de los cinco sentidos. Él lo dijo así:

> *"La realidad es una mera ilusión, aunque una muy persistente".*

Así que, efectivamente, tus problemas son una ilusión, y la triste condición de este mundo es también una ilusión, ¡aunque una muy convincente! Puedes romper esta ilusión cuando te conectas con la fuerza oculta que reside en el *Reino del 99%*. Entonces es cuando la oscuridad de tu vida se desvanece.

Tú lo llamas un milagro porque la oscuridad desaparece en un instante, pero de hecho se trata del mismo principio que funciona en la analogía de la habitación oscura.

Por qué el Escepticismo Es Tan Natural

Este libro hace que todo suene fácil. Hablamos de bombillas, electricidad y habitaciones oscuras, haciendo que la posibilidad de los milagros parezca muy sencilla. Es más difícil de lo que parece, pero también es muy posible. Sin embargo, algunos de nosotros dudamos. Algunos incluso desdeñan con cinismo la idea de Dios, los milagros y las plegarias.

No juzgues duramente a estas personas, ya que el escepticismo es una parte necesaria y natural de este Reino del 1%. ¿Por qué? Porque todas estas verdades extraordinarias sobre las maravillas de Dios deben permanecer ocultas a la mente racional. Incluso siguen ocultas para todas las religiones y filosofías. Después de todo, la religión tiende a dividir a las personas y a ocasionar derramamiento de sangre. Y el derramamiento de sangre y Dios no van juntos, por lo que las verdades divinas no pueden encontrarse en la religión organizada. William Shakespeare, además de ser uno de los dramaturgos más prolíferos de la historia, también era un estudiante de Kabbalah. De hecho, hasta la actualidad, el Globe Theatre de Shakespeare conserva aún grandes imágenes kabbalisticas pintadas en el techo. De todas formas, Shakespeare lo expresó mejor a través de Hamlet:

"Hay más cosas en el cielo y en la tierra, Horacio, de las que sospecha tu filosofía."

En otras palabras, sólo puedes encontrar la verdad cuando cuestionas este *Reino del 1%* de ilusión y echas un vistazo en el *Reino del 99%*.

Ahora que ya comprendes la verdadera naturaleza de la realidad según la Kabbalah, examinemos la verdadera naturaleza de los seres humanos.

COMPRENDIENDO LA NATURALEZA HUMANA

Igual que la Madre Naturaleza, la naturaleza humana posee dos aspectos:

- El *Yo del 1%*
- El *Yo del 99%*

El *Yo del 1%* es tu mente racional, tu ego. El *Yo del 1%* sólo cree en lo que puede ver; es cínico y está lleno de temor. Se presenta en cada uno de tus impulsos reactivos, tus emociones reflejas y en cada reacción automática e instintiva ante los hechos que protagonizas o de los que eres testigo, es decir, ante todo lo que experimentas. Es el piloto automático por excelencia.

El *Yo del 1%* no tiene autocontrol. *¡Ni una pizca!* El mundo exterior, en su totalidad, es como un disparador gigante que provoca constantemente reacciones en el *Yo del 1%*. Estas reacciones pueden ser ira, celos, ansiedad, miedo, venganza, envidia, vanidad, preocupación, pánico. Pero tus reacciones también pueden incluir felicidad, alegría o una elevada autoestima.

En otras palabras, si alguien te lastima, física o emocionalmente, el *Yo del 1%* reacciona al dolor. Y si alguien te elogia, el *Yo del 1%* reacciona a la alabanza. En *ambos* casos, el *Yo del 1%* no tiene control sobre los sentimientos; solamente *reacciona*. Algo *externo* lo controla, algo fuera de ti provoca una respuesta dentro de ti. Eso, amigo mio, es comportarse como un robot.

Afortunadamente, posees otro aspecto: el *Yo del 99%*, que es tu *yo auténtico*. El *Yo del 99%* es tu alma, y conoce todas las verdades de la vida. Siempre es proactivo, nunca reactivo. Igual que la electricidad, que es invisible y se halla encerrada en un estado potencial, el *Yo del 99%* tampoco puede ser detectado por tu mente racional. De hecho, la parte correspondiente a tu alma está tan bien escondida que ni siquiera crees que existe. Durante miles de años, los billones de personas que vivieron en la Tierra nunca imaginaron que la energía eléctrica pudiera existir; sin embargo, siempre estuvo allí. Y lo mismo sucede con tu alma y el *Reino del 99%*.

CÓMO CONECTARTE Y LIBERAR EL YO DEL 99%

Deja de reaccionar *por todo*. Punto.

No estoy diciendo que reprimas tus sentimientos. No estoy diciendo que contengas todas tus reacciones y respuestas. Lo que digo es que dejes de reaccionar. Punto. Déjalo ir. Todo. Completamente.

Qué Sucede Cuando Dejas de Reaccionar

En el momento en que dejas de reaccionar como un robot, tu conciencia se conecta con el *Yo del 99%*. Tu alma se libera, lo cual resulta muy positivo por las siguientes razones.

Comparando la Madre Naturaleza con la Naturaleza Humana

Tanto tú como el mundo están estructurados en la misma proporción: 1% y 99%.

- El *Reino del 1%* está compuesto de maldad, oscuridad y caos. El *Yo del 1%* se compone de impulsos egoístas, deseos oscuros y fuerzas del caos, como el envejecimiento del cuerpo.

- El *Yo del 99%* está compuesto solamente de Luz, bondad y milagros, como son el milagro de la vida y la complejidad de un cuerpo humano saludable.

- El caos ocurre en el mundo cuando las personas nos desconectamos del *Reino del 99%*. La oscuridad aparece en tu vida personal cuando te desconectas del *Yo del 99%*.

Cuando la gente se deja gobernar y dominar por el 1% de sí misma, reaccionando a todo lo que sucede a su alrededor y respondiendo a las provocaciones y a los impulsos que se presentan en cada momento del día, entonces el mundo entero es gobernado por el *Reino del 1%* de caos y confusión.

¿Por qué?

Porque el mundo es sólo un reflejo, un espejo del yo individual. El mundo de uno mismo y el mundo *allí afuera* están estrechamente interconectados. Por esta razón, el comportamiento colectivo de la humanidad determina las condiciones en las que se encuentra el mundo.

Es probable que en este momento el ego se asome y diga: "Todo esto es muy difícil de creer". Por eso, si quieres permanecer en el caos, dale la razón al ego y cierra este libro ahora mismo. Pero si deseas poner a prueba la Kabbalah para ver si realmente funciona, dile a tu ego que se calle y da la vuelta a la página.

CÓMO CONVERTIRTE EN UNA ISLA EN MEDIO DE UN MAR DE CAOS

Si todo el mundo vive bajo la influencia del Yo del 1%, es decir, si la mayoría de las personas deja que su ego reaccione ante todo, entonces el mundo reflejará su comportamiento. Los problemas plagarán el planeta, tanto en lo económico y político como en lo social y ambiental.

Sólo mira a tu alrededor.

Sin embargo, si como individuo decides dejar de reaccionar ante todos los impulsos egoístas que provienen de tu Yo del 1%, de inmediato te conectarás con el *Yo del 99%*; y, por lo tanto, harás contacto con el *Reino del 99%*. Como consecuencia, la bondad y la Luz brillarán sobre ti, aunque a tu alrededor sólo haya oscuridad y desesperación. Esto es lo que se llama milagro.

Supongo que ya te estarás haciendo a ti mismo (y a este libro) tres difíciles preguntas:

1. *¿Por qué el mundo está dividido en dos, el Reino del 1% y el Reino del 99%?*

2. *¿Por qué mi persona se compone de dos aspectos, el Yo del 1% y el Yo del 99%?*

3. *¿De quién fue la brillante idea de crear el mundo y a los humanos de acuerdo con esta proporción de 99 a 1?*

Tal como dijimos antes, la Kabbalah consiste en hacerse las preguntas difíciles demandando respuestas reales. Así pues, ¿estás demandando? Bien. Comenzarás a recibir las respuestas en el momento que comprendas la verdadera razón de la existencia del mundo. Sí, ésta es la gran pregunta que ha estado pendiente sobre el mundo durante miles y miles de años. (En pocas palabras: ¿Por qué estamos aquí?) Y a decir verdad, ¿quién hubiera pensado que la respuesta a la pregunta más persistente de todos los tiempos se encontraría en este simple libro?

Veamos cuál es la respuesta.

POR QUÉ EXISTE NUESTRO MUNDO (Y TÚ)

El mundo existe por una sola razón: para que tengas tu propio lugar donde desarrollar la capacidad de realizar milagros. Ahora bien, ¿por qué necesitas tener tu propio lugar y por qué querrías desarrollar dicho talento?

Cuando Dios creó las almas de la humanidad, el acto de la Creación fue un milagro en sí mismo. Entonces, Dios dio a Su milagrosa Creación toda la alegría y felicidad que puedas imaginar. ¡Increíble! Otro milagro. Pero, igual que un niño que lo tiene casi todo, los humanos quisimos una cosa más: la habilidad para poder realizar milagros igual que nuestro Creador.

¿Por qué?

El Auto de tu Papá

Tienes 17 años. Has llegado a una edad en la que ya puedes utilizar tu propio medio de transporte. Entonces, tu padre te compra un par de ruedas: una bicicleta de 27 velocidades para que te lleve a todos lados.

Aunque aprecias el hecho de tener tu propio medio de transporte, piensas que sería mejor tener acceso al automóvil de tu padre —un Jaguar nuevo— cada vez sales con tus amigos.

Entonces se lo pides a tu padre y él acepta. Con una condición, que en vez de darte las llaves del automóvil, tu padre te llevará a ti y a tus amigos a todos los lugares adonde quieran ir. Cierto, ésta no es la situación ideal, pero es mucho mejor que quedarte sentado en tu casa. Lo que en realidad quieres, sin embargo, son las llaves del Jaguar de tu padre para usarlo todas las veces que quieras.

En otras palabras, una cosa es que tu padre te lleve a todos lados, aunque viajes en un bonito automóvil, y otra muy distinta —y ante todo mejor— es que tú mismo puedas conducir el vehículo por tu propia cuenta. De acuerdo, ésta no es una analogía sofisticada; pero el principio que estamos explicando es bastante profundo. En el origen, Dios nos otorgó toda la felicidad del mundo. Pero sólo Él tenía las llaves para realizar milagros, entre los cuales se incluía el milagro *de crear la felicidad que Él nos había concedido.*

Teníamos todo en el mundo menos eso. Una cosa es que se nos otorgue toda la felicidad en el mundo de forma gratuita, y otra mucho más placentera es poder crear toda aquella felicidad mediante el poder de *nuestros propios* milagros. Dios podía hacer eso; nosotros no. Entonces, también pedimos ese don.

El Rompecabezas de la Existencia Humana

Imagina un padre regalándole a su hijo su rompecabezas favorito de Bob Esponja *ya* montado. Por supuesto que está buenísimo tener este juguete, pero sería mucho más divertido para el niño tenerlo desarmado en un principio para poder montarlo después mediante su propio esfuerzo.

Crear el milagro de la felicidad infinita era la mayor alegría de todas. Por eso pedimos la oportunidad de crearla.

Y dado que la intención original de Dios fue concedernos *todo*, no pudo negarse cuando le pedimos el poder de crear nuestros propios milagros de la misma manera que Él mismo lo hace.

Entonces Dios accedió.

Pero había un problema. Y para comprender la gravedad de este problema, primero reemplacemos las palabras *crear un milagro* por *crear la Luz*, y utilicemos una simple analogía para explicar por qué nos encontramos en este oscuro y peligroso mundo.

LA METÁFORA DE LA CREACIÓN DE LA LUZ

Supongamos que deseas experimentar qué se siente al crear una simple iluminación. Te entregan una caja de velas y te colocan en un campo bañado por el sol de pleno mediodía. ¿Puedes realmente apreciar tu habilidad para crear luz con tan sólo unas pequeñas velas? Por supuesto que no. El sol brilla a 400 billones de vatios de luz solar por segundo. Compáralo con la pequeña y parpadeante llama de la vela. La luz de la vela se vuelve insignificante en ese entorno.

EL PROPÓSITO DE ESTE PLANETA

Al principio, cuando se crearon las almas de la humanidad, todos estábamos unificados en una sola gran alma. En otras palabras, así como un rayo de luz solar blanca contiene todos los colores individuales del arco iris, esta gran alma brillante contenía todas las almas individuales que jamás existirían.

Esta sola alma unificada, que te incluía a ti y a mí, existía en un mundo donde los milagros eran la norma y donde el desorden y el dolor no existían. En consecuencia, nunca podíamos experimentar la satisfacción verdadera asociada con la creación de nuestros propios milagros. No podíamos practicar la creación del orden desde el caos porque el caos no existía.

Entonces entramos en esta realidad temporal, esta Tierra, donde el poder de los milagros y la felicidad infinita fueron ocultados. El alma única se rompió en miles de pedazos individuales, creando la ilusión de la fragmentación, de que tú y yo somos dos seres separados. Esto nos dio la oportunidad de aprender el arte de realizar milagros a través de la interacción mutua. Éste es un mundo en el que los milagros son tan escasos que ni siquiera creemos en ellos. Es un mundo donde la oscuridad y el caos son la norma y, por tanto, la oscuridad y el caos son las únicas cosas que sentimos reales, tangibles y creíbles para nosotros. Es un mundo en el que el verdadero Creador ha sido ocultado y, por tanto, la realidad de Dios ha permanecido ajena a nosotros. Este mundo fomenta una mentalidad del "yo", porque estamos ciegos ante la unidad subyacente que une a todas las personas como una sola.

¿Sabes por qué estas verdades con respecto a nuestra existencia han sido desconocidas durante miles de años? Porque han estado ocultas detrás de una cortina, esperando que nosotros las descubramos.

¿Sabes por qué tantas personas se muestran cínicas acerca de la posibilidad de realizar milagros? Porque la verdad con respecto a los milagros ha estado oculta detrás de la misma cortina.

¿Sabes por qué existe tanto conflicto e intolerancia entre las personas, naciones y religiones? Porque las verdades acerca de nuestro origen compartido y nuestra unidad también se encuentran detrás de esta cortina.

Esta cortina incluye tu propio ego.

Por esta razón, cuando intentas entender estas verdades universales con tu *Yo del 1%*, no puedes lograrlo. No de una forma real, genuina y transformadora. Lo máximo que puedes hacer es entenderlas intelectualmente; y aun así, estas verdades no te motivan ni te inspiran a cambiar drásticamente quien eres. No maldices tu propio pie cuando de repente lo pisas, porque es parte de tu cuerpo; sin embargo, todavía maldices a tus amigos y enemigos cuando te lastiman porque no sientes la verdad: que ellos son parte de tu propio cuerpo espiritual.

Pero no tiene porqué seguir siendo así. Nunca fue pensado para ser así. De hecho, la oportunidad de cambiarlo todo nos fue entregada hace algunos miles de años.

OTORGANDO PODER A LA RAZA HUMANA

Originalmente, hace muchos siglos, la Kabbalah fue otorgada a la humanidad como una herramienta para la transformación personal con el propósito de que pudiéramos crecer, evolucionar y desarrollar las habilidades necesarias para la realización de milagros. (Hablaremos sobre *cómo* hacer esto en breve. Has esperado miles de años para finalmente aprender este arte antiguo, por lo que unos momentos más no harán ninguna diferencia.)

Lo que realmente ocurrió con Moisés en el Monte Sinaí hace 3.400 años fue que Moisés recibió la tecnología de la Kabbalah con el propósito de conectar este mundo con el *Reino del 99%*.

Múltiples Dimensiones

Según la Kabbalah, el Reino del 99% consiste en nueve dimensiones ocultas que no puedes percibir. Cuando sumas estas nueve dimensiones a nuestra

62

dimensión física, obtienes diez dimensiones en total. Moisés fue capaz de conectar nuestro mundo con las otras nueve dimensiones (la Realidad del 99%), permitiendo que la Luz y los milagros fluyeran a nuestro mundo.

Un Antiguo Código

Verás, toda la historia bíblica de Moisés subiendo al Monte Sinaí es en realidad un mensaje codificado. Se trata de Moisés ascendiendo a las dimensiones espirituales más elevadas o al Reino del 99%.

Es probable que hayas escuchado que Moisés bajó de la montaña con los Diez Mandamientos inscritos en dos tablas. Prepárate, entonces, para escuchar el secreto más antiguo y provocativo de la Kabbalah:

Los Diez Mandamientos no existen.

Las dos tablas son un código que representa los dos reinos (el 1% y el 99%). La expresión "Diez Mandamientos" es un código para las diez dimensiones. La historia de los Diez Mandamientos nos cuenta que los dos reinos se conectaron y el poder de los milagros y la Luz fluyeron a través de las diez dimensiones, llevando nuestro mundo a un estado paradisíaco. De eso trata la historia del Monte Sinaí.

Este es un buen ejemplo de un código descifrado.

LOS MILAGROS BÍBLICOS

Fue la Kabbalah lo que Moisés utilizó para conectar nuestro mundo con el *Reino del 99%*. Fue la Kabbalah lo que Moisés utilizó para separar las aguas del Mar Rojo. Fue mediante la Kabbalah que Moisés realizó el milagro de las diez plagas que golpearon a Egipto. Y fue gracias al uso de la Kabbalah que Moisés hizo manar agua de una roca cuando los Israelitas se quejaban del calor y la sed que tenían en el desierto.

En oposición a la creencia popular; en oposición a lo que todos los rabinos, curas, ministros, obispos, evangelistas y maestros de la escuela dominical te han dicho, Dios *no* creó esos milagros.

¡Moisés lo hizo!

Y lo hizo utilizando la tecnología de la Kabbalah.

LOS MILAGROS DE JESÚS

Dicho sea de paso, Jesús (originalmente conocido como Josué, hijo de José) también era un maestro de la Kabbalah. Fue la Kabbalah lo que Jesús utilizó para realizar todos sus milagros, incluyendo el milagro de la curación. Es por eso que fue conocido como el Hijo de Dios. De hecho, el término *Hijo de Dios* tiene su origen y aparece por primera vez en el libro más importante de la Kabbalah, *El Zóhar*. Pero así como la Kabbalah fue intencionadamente ocultada a las masas por la institución religiosa, también lo fue este hecho histórico.

Entonces, ¿qué significa en realidad *Hijo de Dios*?

Hijo de Dios, según *El Zóhar*, se refiere a *todo aquél* y a *cualquiera* que domine el arte de la realización de milagros mediante la tecnología de la Kabbalah. *El Zóhar* llama a esa persona "el Hijo de Dios; el Hijo del Sagrado; el Hijo del Padre". Además, *El Zóhar* afirma que cuando una persona alcanza este nivel de realización de milagros, "no hay separación entre el Hijo y el Padre. Son sólo uno. Y todos los tesoros de la casa del Padre son para ser utilizados por el Hijo".

En otras palabras, la Kabbalah te da las llaves del Jaguar de papá siempre que lo desees.

Este viejo secreto es tan explosivo, que la mayoría de las traducciones modernas del *Zóhar* omiten misteriosamente estos fascinantes versos.

LO QUE FALLÓ

Entonces, ¿qué pasó? ¿Por qué las personas de la generación de Moisés o de Jesús no adquirieron la habilidad de realizar milagros y cambiar el mundo para siempre? ¡La capacidad para transformar esta existencia en el Paraíso Terrenal estaba al alcance de sus manos!

¿Por qué fallaron?

Por una sola razón: no dejaron ir su *Yo del 1%*. Se negaron a renunciar a sus egos.

No los juzgues severamente por haber desperdiciado aquella oportunidad única en la vida. *Tú* haces lo mismo todos los días, a todas horas, a cada minuto. Eliges tu ego por encima de tu alma, todo el tiempo.

Cada vez que reaccionas con impaciencia, ira, preocupación, envidia, intolerancia, juicio, miedo, pánico, celos o cualquier otra emoción conectada con el *Yo del*

1%, estás tomando la misma decisión que aquellas personas del tiempo de Moisés. Eliges tu ego en lugar del poder para realizar milagros.

¿Es acaso extraño que el mundo haya sufrido, generación tras generación, desde los tiempos más remotos?

No sólo permitimos a nuestra conciencia reactiva y robótica del 1% controlar nuestras vidas, sino que ni siquiera nos dimos cuenta de que esta conciencia egocéntrica existía como una parte separada de nosotros.

No teníamos ni idea de que nuestro verdadero *yo* y nuestros verdaderos deseos estaban escondidos detrás del constante bombardeo de necesidades, reflejos, caprichos e impulsos egoístas que controlan las ondas de nuestra mente.

Ahora ya lo sabemos.

LIBÉRATE

La tecnología de la Kabbalah entregada a Moisés nos proporciona el poder para liberarnos de nuestros egos, para liberarnos de nuestro *Yo del 1%* y conectarnos con el *Reino del 99%*, donde hay milagros para dar y regalar.

Una vez que erradiques tu ego *completamente* —lo cual suele llevar una vida o dos— tendrás el poder para curarte a ti mismo cuando lo desees y transformar tu dolor en placer. Adquirirás el control absoluto sobre el mundo físico y la alegría estará a tu alcance. Si no crees que éste sea tu último destino, ¡entonces acabas de caer en la ilusión del *Reino del 1%* y el *Yo del 1%*!

No te equivoques: tu ego es fuerte; no quiere dejarte ir; no quiere desaparecer; no quiere quedar en el olvido. Está bien. Se supone que debes dudar, sospechar y ser egocéntrico al principio, igual que debes experimentar la oscuridad para luego apreciar y comprender el poder de la Luz.

Pero creo que estarás de acuerdo en que miles de años de cinismo, ego y caos probablemente son suficientes. Tal vez vaya siendo hora de exponer la ilusión de este mundo físico basado en el ego y su engaño y . . . ¡liberar por fin el poder de los milagros y el poder de tu *Yo del 99%*!

Si crees que ha llegado el momento, si estás finalmente listo para abandonar el caos que has estado manteniendo durante tantas vidas, entonces, da la vuelta a la página y descubre algunos de los secretos ocultos relacionados con la antigua ciencia de la realización de milagros.

EL ANTIGUO SECRETO DE LA CREACIÓN DE MILAGROS

Hace varias décadas, el gran Kabbalista Rav Brandwein escribió una poderosa carta a mi padre, el Kabbalista Rav Berg. La carta trataba de la comprensión de la naturaleza del universo y la fórmula para crear milagros. Tengo el permiso de mi padre para compartir algunas de aquellas palabras contigo.

La carta comenta el famoso incidente de La Biblia conocido como la Separación del Mar Rojo. Para aquellos que no conocen la historia, haré un breve resumen:

Cumplidos 400 años de esclavitud en Egipto, los Israelitas están intentando escapar para obtener la libertad. Mientras son perseguidos a muerte por el ejército egipcio, llegan a orillas del Mar Rojo. Se ven atrapados, y mientras tanto el ejército sigue acercándose a gran velocidad. Entonces, Moisés y los Israelitas claman a Dios para que les ayude. Dios responde preguntando a

Moisés por qué pierde su tiempo llamándole a Él.

Mmm . . . Obviamente, ésta no es la clase de respuesta que tú, yo o Moisés esperamos o deseamos obtener de un Dios compasivo, un Dios que tiene el poder de salvarnos en un abrir y cerrar de ojos.

Y lo que es aun más extraño: *Dios le dice a Moisés que envíe a los Israelitas al mar*. Esto suena más a una misión suicida que a un acto milagroso de salvación. Pero el maestro de mi padre explica que esta peculiar historia de La Biblia tiene un poderoso secreto codificado para la creación de milagros. Este secreto se encuentra en el corazón de este libro y la tecnología para crear milagros. Así pues, lee este libro lenta y cuidadosamente, quizá incluso dos o tres veces.

Este es el extracto de la carta de Rav Brandwein:

> *Después de saludarte, te escribí una carta en respuesta a la tuya.*

"Y Dios le dice a Moisés: '¿Por qué me clamas a mi? Habla con los hijos de Israel y diles que marchen hacia el mar.'"

Muchos se han preguntado cuál es el sentido de estas palabras. Primero, la expresión "a mi" suena redundante. ¿A quién podría clamar y orar Moisés sino a Dios? Segundo, la pregunta "¿Por qué clamas?" es también extraña, pues ¿qué podían hacer los hijos de Israel en medio de su problema, sino clamar y orar a su Padre en el cielo?

Las respuestas se encuentran en las enseñanzas del Zóhar. Dios ya le había enseñado a Moisés todo lo que necesitaba saber para controlar esta peligrosa situación. Igual que existen leyes naturales en el reino físico, también existen leyes naturales en el mundo espiritual.

Pero a veces uno necesita atraer un milagro

que está fuera de la naturaleza, más allá de las leyes naturales. La única forma de atraer un milagro es reajustando el orden natural de lo que Dios ha establecido. Esto se logra a través de un acto de autosacrificio.

En cada hombre, la fuerza del ego es innata y le motiva a absorberlo y a gobernarlo todo por el bien de su propia existencia. Si la persona vence a su ego, si sacrifica su ego con el propósito de conectarse con la Luz del Creador, entonces este esfuerzo se convierte en una fuerza que levanta y rasga todos los velos y obstáculos. No hay poder en el cielo que pueda detenerlo o evitar que reciba cualquier cosa que pida. Todas sus plegarias serán respondidas.

Otros grandes kabbalistas explican este secreto a través del verso "Dios es tu sombra". De la misma forma que una sombra imita cada movimiento de una persona, Dios hace lo mismo con los hombres. Si un hombre está dispuesto a sacrificar su ego y elevarse por encima de su naturaleza innata, Dios refleja su esfuerzo y anula todas las leyes naturales del mundo. Y aunque en el pasado un hombre haya sido deshonesto o no merezca un milagro, su genuino sacrificio y su cambio interno de carácter le traerán la salvación.

Cuando Dios le dijo a Moisés que dijera a los hijos de Israel que caminaran hacia el mar, ésta era una acción que iba en total contraposición a su carácter innato. Ellos estaban dispuestos a arriesgar su vida por el bien del Creador. Estaban dispuestos a demostrar su gran convicción y seguridad en las enseñanzas que Dios le había dado a Moisés, aun cuando su instinto natural era sentir dudas y miedos.

Su autosacrificio alteró las leyes naturales y transformó el mar en una tierra seca.

He revelado solamente una pequeña cosa de las miles que todavía permanecen ocultas.

Espero poder seguir conversando sobre este asunto contigo, pues hay cosas que no pueden escribirse aún. Si es la voluntad de Dios, te las diré cuando nos volvamos a encontrar muy pronto. Por favor, dime si has entendido lo que he escrito.

Te deseo todo lo mejor,

Yehuda Brandwein

Ahí está. Ahora ya conoces el secreto para realizar milagros. Cuando actúas de acuerdo con tu naturaleza, el mundo a tu alrededor actuará de acuerdo con las leyes de la naturaleza. Cuando te liberas de tu naturaleza innata y trasciendes tu ego, entonces transciendes las leyes naturales de este mundo, incluyendo las leyes de la física y las leyes kármicas de causa y efecto.

EL ESPEJO

Imagina que hubiera un espejo de diez millas de ancho en el cielo, encima de ti. Si miraras hacia el cielo y lo maldijeras, haciendo gestos obscenos, ¿qué haría la imagen en el espejo? ¡Exacto!

Si resistes el deseo de maldecir y, en vez de ello, tiras besos al cielo, ¿qué hará la gran imagen en el espejo?

Cuando La Biblia dice que *el hombre fue creado a imagen y semejanza de Dios*, este es uno de los secretos que está intentando revelar. Dios y el universo te colmarán de bondad y besos cuando demuestres un poco de tolerancia y bondad hacia las personas molestas que hay en tu vida, resistiendo tu odio, celos y toda tu ira justificada. Sí, aun cuando tu ira está justificada, tú eres el que pierde. Porque el espejo simplemente reflejará de vuelta tus acciones negativas a este mundo, de una forma u otra.

El *Reino del 99%* refleja todas tus acciones y movimientos. Cuando creas un milagro de comportamiento dentro de ti mismo, el cosmos, a cambio, crea un milagro. Entonces, ¿por qué no ves los resultados enseguida? Por una razón: el *tiempo*. El tiempo retrasa la retribución. Este atraso te da la oportunidad de ejercer tu libre albedrío. Si piensas: "¡Oye, que no ha funcionado!", ya lo has echado a perder. Has reaccionado, has respondido como un robot al retraso ocasionado por el tiempo. Si te resistes a la duda y demuestras una total certeza, sabiendo que tu acción producirá un efecto en algún momento en el futuro, te habrás comportado como un ser humano. Y esto acelerará la llegada del milagro.

Examinemos ahora los tipos de milagros que te esperan en el *Reino del 99%*.

CUATRO TIPOS DE MILAGRO

Existen cuatro tipos diferentes de milagros que puedes crear. Es importante entenderlos.

1. Milagro por Acción Positiva

Este tipo de milagro agrega una dimensión positiva a tu vida. Ya sea recibiendo un aumento de salario inesperado o conociendo al hombre o la mujer de tu vida, estos milagros aumentan la calidad diaria de tu vida física. La clave para ocasionar un milagro *por acción positiva* en tu vida es ver todos los sucesos como oportunidades y no como obstáculos. Debes *desear* esas oportunidades porque te ofrecen una oportunidad de trascender tu naturaleza. ¿Cómo? Los obstáculos provocan las reacciones dentro de ti. Te preocupas, te inquietas, te estresas, te quejas. Si continúas comportándote así, puedes apostar todo lo que quieras a que ningún milagro se cruzará en tu camino. Si, por el contrario, te resistes al deseo de reaccionar a un obstáculo y lo ves por lo que realmente es —la oportunidad de elevarte por encima de tu naturaleza instintiva—, un milagro de igual proporción estará en camino para ti. No te equivoques. Así es como realmente funcionan las cosas.

2. Milagro de Eliminación

Este tipo de milagro elimina los elementos negativos de tu vida. Los ejemplos incluyen la curación de una grave enfermedad, que un conflictivo enemigo tuyo se traslade repentinamente a otra ciudad (o mejor aun, ¡a otro país!) o la aparición de una suma de dinero que te ayude a deshacerte de todas tus deudas y de esos desagradables avisos legales. Estos son los milagros *de eliminación*.

La clave para crear los milagros *de eliminación* es ser capaz de ver más allá del dolor

que sientes ahora. Sin importar si su naturaleza es física, mental, financiera o espiritual,
aquello que te causa el dolor es también lo
que hace que reacciones a él. En tal caso,
sea tu reacción la autocompasión, el sentimiento de víctima o la pena por ti mismo,
esta clase de comportamiento "natural"
mantiene las leyes del universo en su estado
habitual. Cuando aceptas la responsabilidad
por tu dolor y eres consciente de que se trata
de una retribución por tu propio comportamiento desconsiderado —en esta vida o en
una vida pasada—, entonces activas el
poder de los milagros.

3. Milagro de Evasión

Este es uno de los milagros más difíciles de
reconocer porque implica que sepas algo
que *no* te ha ocurrido. Haberte demorado
para llegar al World Trade Center aquel 11
de septiembre sería un ejemplo dramático,
pero muchos otros milagros de evasión ocu-

rren todo el tiempo. La mayor parte de ellos pasan desapercibidos.

Supongamos que te enteras de que un amigo te ha estado insultando a tus espaldas. Tienes una buena razón para criticar a esa persona, pero acabas de finalizar un capítulo de este libro sobre los *milagros*, y por ello decides resistirte a tu deseo de venganza. Te elevas por encima de tus emociones y tu dolor y tratas a tu amigo con dignidad y bondad. Te das cuenta de que este ataque se ha debido solamente al funcionamiento de la ley de causa y efecto, ya que probablemente hayas herido a tu amigo de alguna forma en algún momento anterior. ¿Y sabes qué? En ese momento ya hay un milagro dirigiéndose hacia ti, fluyendo del *Reino del 99%*.

Una semana más tarde, estás conduciendo rumbo al trabajo. Un automóvil está destinado a chocar contra el tuyo cuando cruces una calle en particular, después de que el semáforo cambie a verde. La energía del milagro te rodea mientras esperas que la luz se ponga en verde en la esquina fatal. De repente, decides cambiar la emisora de radio y buscar una música que te guste más; al mirar hacia abajo, no te das cuenta de que la luz acaba de cambiar a verde. Pasan unos segundos mientras sintonizas la radio. Entonces, el auto que iba a chocar contigo pasa de largo por delante tuyo. Entretanto, has encontrado una canción en la radio que te encanta. Ahora miras hacia arriba, ves la luz verde y conduces sano y salvo hasta el trabajo, sin saber cuán cerca has estado del desastre.

4. Milagro de Incremento

De alguna forma, este es un tipo de milagro menos dramático, aunque no por ello menos importante que los demás. Igual que la mayoría de las personas, probablemente trabajes para conseguir aquellos objetivos que realmente deseas lograr en tu vida; este es un proceso que puede llevar años o décadas. Encontrar un cónyuge, construir un hogar, tener dinero suficiente para viajar o ser un actor o cantante de éxito son algunos ejemplos. El milagro de incremento ocurre cuando algo que *debería* haber llevado bastante más tiempo, sucede más rápido. Un día, simplemente aparece en forma de un amor a primera vista, un vendedor interesado, una gran oportunidad de negocios o una llamada inesperada que te lleva al centro del escenario. Esto no se trata tan sólo de "un golpe de suerte" o de la "buena fortuna". Tú hiciste que sucediera cada vez que te elevaste por encima de tu ego y ¡elegiste ser proactivo en vez de reactivo!

Ahora ya sabes que sólo tú eres responsable de producir todos los milagros en tu vida, y así es como Dios lo desea. A medida que transformas tu naturaleza gradualmente, paso a paso, desatas el poder para realizar milagros.

Y esto sucede paso por paso, ya que el grado de tu transformación personal se corresponde directamente con el nivel de tu habilidad para realizar milagros. Si no estás atrayendo milagros, es porque eres la misma persona que eras hace 10, 20 ó 50 años. Sin embargo, el simple acto de leer estas páginas ya está poniendo el mecanismo de cambio en funcionamiento.

DOLOR O TRANSFORMACIÓN

Tu destino ya está predeterminado. Como todo ser humano, estás destinado a obtener el poder de realizar milagros a voluntad propia, adquiriendo el control total del mundo físico de una forma que no puedes siquiera imaginar en este momento. (Claro que tu ego no te permitirá aceptar completamente este hecho extraordinario mientras aquella molesta cortina permanezca ocultando estas poderosas verdades.) Sin embargo, tienes dos opciones para alcanzar ese estado en el cual puedes crear milagros siempre que lo desees:

- Puedes llegar allí mediante el dolor y el sufrimiento, que gradualmente eliminan el carácter egocéntrico reactivo de tu naturaleza.

- Puedes elegir de forma proactiva un cambio de comportamiento y una transformación personal, lo cual significa sencillamente que dejas de reaccionar a tu ego. En realidad, es aun más simple que eso: tan sólo deja de reaccionar, *punto*.

Es evidente que el mundo ha estado evolucionando por el camino del dolor y el sufrimiento, pero tú no tienes por qué mantenerte en esa dirección.

Cuando te elevas por encima de tus reacciones y asciendes sobre todos los obstáculos en este mundo, adquieres el control absoluto de tu vida. Así, vives bajo la influencia del *Yo del 99%* en lugar de vivir bajo la influencia del *Yo del 1%*. En el momento en el que apagues el *Yo del 1%*, tu auténtico Yo aparecerá. El único dolor involucrado en este proceso lo sentirá tu ego.

El ego odia tener que renunciar a su opinión. Siempre tiene que tener razón, siempre tiene que tener el control, siempre tiene que hablar y escuchar su propia voz.

La Teoría de la Relatividad

No te equivoques: el ego es un concepto relativo, es decir, relativo a cada individuo. Por ejemplo, la reacción natural de una persona puede ser evitar ser el centro de atención; su ego, pues, puede llevarle a ser alguien tímido, introvertido y modesto. Este individuo debería salir de sí mismo y ser más enérgico, más apasionado. Y si quiere atraer el poder de un milagro, deberá volverse el centro de atención siempre que le sea posible, sin importar lo terrorífica que le resulte la idea.

Por otro lado, la reacción natural de otra persona puede ser exactamente la contraria: querer ser permanentemente el centro de atención. Si esa persona deseara obtener un milagro, debería pues retirarse del centro de todas las miradas, evitando así las alabanzas y la atención como si fueran una auténtica plaga.

El Proceso

Si bien la transformación puede llevar una vida entera, o incluso dos o tres, al final todo el mundo se liberará de este *Yo del 1%*, y el poder del *Yo del 99%* florecerá en su totalidad. Por eso, tu objetivo de ser el creador de tus propios milagros y de toda tu felicidad se cumplirá.

Cuanto más tiempo te lleve, más doloroso será el proceso. Cuanto más rápido se produzca el cambio, más placentero y fascinante será el camino.

A continuación encontrarás algunas técnicas valiosas para acelerar tu transformación y ayudarte a lograr el objetivo principal de este libro: dominar la ciencia de la realización de milagros.

TÉCNICA N°1
DAR: EL PODER DE LA CARIDAD VERDADERA

Existe un viejo dicho: "Da hasta que te duela". Antes de que leyeras este libro, tal vez no comprendías este refrán. Pero ahora sí. Si das y *no* duele, es el *Yo del 1%* el que está dando.

A las personas del *1%* les encanta dar; les encanta obtener el respeto, los elogios y el honor que reciben en el proceso. Las cenas de homenaje, los galardones, las placas e incluso los pabellones de los hospitales que llevan el nombre del donante son trampas asociadas con las personas caritativas del *1%*. Aun con toda la generosidad que conllevan, esta clase de actos no crea milagros; solamente redistribuye la riqueza material y causa la admiración y envidia de sus colegas, semejantes y enemigos.

Según *El Zóhar*, la verdadera caridad tiene el poder de eliminar el juicio y la muerte. Cambia tu vida radicalmente, pero tiene que doler. Y mucho. Tiene que ser transformadora. Tienes que elevarte por encima de tu naturaleza instintiva natural, que incluye la preocupación, la duda y el miedo. Cuando lo haces, el universo responde en igual medida.

Caridad Anónima

La Kabbalah señala que la caridad *anónima* es la forma más poderosa de dar. Si otras personas saben que das, puedes estar seguro de que tu *Yo del 1%* obtendrá placer de ese acto, lo cual debilitará el poder de un potencial milagro. Por el contrario, si tu *Yo del 1%* no experimenta placer alguno, tu *Yo del 99%* se encuentra libre para recibir el 100% del beneficio, y esto significa la habilidad para producir los milagros que necesitas.

Cuando el Miedo y la Duda Son Buenos

Practicar la verdadera caridad es uno de los factores clave para realizar milagros por ti mismo, pero no creas mi palabra sin más. Recuerda aquel vital principio kabbalístico: "Pruébalo tú mismo para comprobar si es verdad".

Y recuerda: si antes de dar no estuvieras asustado, aterrorizado y consumido por la duda, no podrías resistirte a estas emociones y, por lo tanto, no podrías atraer un milagro después de haber dado. Así que no te preocupes si el miedo y las dudas te atacan. Ésta es una señal de que tu milagro te está esperando para hacerse realidad.

TÉCNICA Nº 2
BUSCA LO INCÓMODO

Si eres como la mayoría de las personas, amas tu zona de confort. Te encanta jugar en la posición de defensa en el juego de la vida, reclinado en tu mullida y cómoda butaca. Pero hay un problema con esta zona de confort: los milagros nunca ocurren allí. De hecho, los milagros están prohibidos en la zona de confort. Los milagros sólo pueden ocurrir en la *Zona de lo Terriblemente Incómodo*.

Las situaciones que te avergüenzan, te dan pánico o te humillan son suelo fértil para producir milagros, tanto grandes como pequeños.

He aquí una historia verídica sobre un pequeño milagro que le ocurrió un buen amigo mío cuando practicó el arte de la realización de milagros permaneciendo en la *Zona de lo Terriblemente Incómodo:*

David Williams (no es su nombre real) rondaba los 35 años y tenía un gran éxito en los negocios. El problema era que el *David del 1%* era el que había creado el negocio. Por lo tanto, su ego estaba fuera de control.

Le pedí a David que contara su historia para este libro.

Sin un céntimo en Beverly Hills

Cuando vinimos a California en 1994 alojé a mi familia en el Beverly Hilton Hotel. Era, y sigue siendo, un hotel de cinco estrellas muy caro. Reservé dos habitaciones: una para mi esposa y para mí; la otra, para mis cuatro hijos y la niñera. Permanecimos en el hotel alrededor de un mes. Entre restaurantes, alquiler de automóviles y costos del hotel, la factura fue de unos 50.000 $. En aquel momento estaba ganando mucho dinero, así que no me preocupé. En realidad, me sentía orgulloso de poder pagarla.

Durante nuestra estancia, el conserje y el personal del hotel llegaron a conocernos muy bien y nos trataban de forma excelente, lo cual me hacía sentir muy importante. Aproximadamente un año más tarde regresamos a Los Ángeles. Al entrar en el hotel, el conserje me reconoció inmediatamente y me dijo: "Buen día, Señor Williams, ¿cómo está usted? ¿Y sus hijos?"

¡Caramba! Eso sí que me hizo sentir alguien importante; pensé que había llegado a la cima. Me encontraba en uno de los hoteles más caros de Beverly Hills y todavía se acordaban de mí. ¡Me habían llamado Sr. Williams! Estaba en las nubes. Poco sabía acerca de lo patéticos y faltos de valor que eran en realidad aquellos sentimientos autoindulgentes; aunque no tardé en aprenderlo . . .

Al cabo del tiempo, mi familia y yo nos

*mudamos a Los Ángeles. En seis meses perdí
mi negocio y todo mi dinero. Estábamos en
bancarrota. Totalmente arruinados. Cuando
digo que teníamos 20 $ en el bolsillo, no
estoy exagerando. Por suerte, las tarjetas de
crédito seguían llegando por correo, por lo
que vivimos de ellas durante un año.*

*Mientas tanto, nos vimos obligados a aban-
donar nuestra casa de 10.000 pies cuadra-
dos en Beverly Hills y nos mudamos a un
pequeño dúplex en Los Ángeles. Me sentía
destrozado, humillado.*

*Afortunadamente, en aquel tiempo me esta-
ba involucrando cada vez más con la
Kabbalah, por lo que tuve a mi disposición
herramientas y enseñanzas que me ayu-
daron a cambiar mi vida.*

*Un día de verano, de mucho calor, mi esposa
sugirió que lleváramos a nuestros niños a*

nadar. "¿Adónde?", le pregunté. Mi esposa sugirió que nos escabulléramos en el Beverly Hilton y pretendiéramos ser huéspedes para utilizar su piscina. A una parte de mi le apetecía la aventura de colarse allí con toda la familia, pero la otra parte se sentía realmente avergonzada. Poco tiempo atrás yo había sido el "señor Williams", viviendo como un rey; y ahora me veía obligado a aparcar a una cuadra del hotel y colarme pretendiendo ser un huésped. Sabiendo que esto iba a desinflar mi ego, accedí.

Al llegar al hotel estaba sudando a mares, pero mantuve la frente alta mientras traspasábamos la puerta principal y la recepción en nuestros trajes de baño y nos dirigíamos a la piscina. El lugar estaba lleno de gente, pero tuvimos suerte y conseguimos unas tumbonas. Cuando caminábamos hacia la piscina, sentí que alguien me estaba observando; tenía una persistente sensación de que sabían que nos estábamos colando allí. Probablemente podían verlo en mi rostro. Entonces mi peor pesadilla se hizo realidad.

La guarda supervisora de la piscina vino directamente hacia nosotros y nos preguntó si éramos huéspedes del hotel. Me aterroricé. ¡Grandes gotas de sudor caían literalmente por mi frente! Debía tomar una decisión: salir corriendo de allí con mi familia, quedando como una pandilla de idiotas delante de todas esas personas, o contestar a su pregunta y retrasar lo inevitable: ser expulsados del hotel frente a esas mismas personas.

Hubiera sido más fácil no contestar su pregunta y abandonar el lugar rápidamente, pero decidí quedarme y le contesté: "Sí, somos huéspedes". Ella debió percibir que algo no andaba bien y pidió ver la llave de mi habitación. "No la tengo conmigo", le con-

testé. Mis hijos pensaron que me había vuelto completamente loco. La supervisora, que aún sospechaba, hizo entonces la gran pregunta: "¿en qué habitación se alojan?" No tenía tiempo para dudar, ni un segundo. Elegí un número al azar: "Habitación 3325", respondí.

Mi primer pensamiento fue: "¡OH, NO! Seguro que ese número de habitación NO existe". Aquel era un número un tanto extraño.

Después preguntó: "¿Cuál es su apellido?"

"Williams", contesté (me sentía demasiado avergonzado como para decir "Señor Williams"). La mujer se dirigió al teléfono del hotel e hizo una llamada. Supe que era mi última posibilidad para escapar de allí, pero evoqué a mi conocimiento de la Kabbalah y me di cuenta de que debía permanecer en

aquel lugar al rojo vivo y soportar la vergüenza. En aquel momento decidí aceptar mi destino, y luego le di la bienvenida. Estaba preparado y feliz de ser humillado delante de todos aquellos opulentos huéspedes del mundialmente famoso Hotel Beverly Hilton. Mi esposa me dijo a mí y los niños: "No se preocupen, todo saldrá bien".

La supervisora colgó el teléfono y se dirigió hacia nosotros. Tenía una extraña mirada en sus ojos. Se disculpó efusivamente y dijo: "Lo lamento, Sr. Williams, nuestro registro muestra que la familia Williams abandonó el hotel esta mañana. Supongo que por eso no tiene la llave de su habitación." Después nos trajo toallas para las tumbonas, nos ofreció una habitación gratis para aquel día e hizo todo lo posible para que nuestra tarde fuese lo más agradable posible.

Han pasado diez años y todavía me sigue

sorprendiendo esta historia. Era imposible, no sé cómo sucedió. Fue un milagro. Esta vivencia me demostró que si estás dispuesto a recorrer la distancia y salir de tu zona de confort, los milagros ocurren y te ayudan a salir airoso, incluso en los pequeños apuros de la vida.

¿La lección?: Cuando escapas constantemente de tu zona de confort, de manera que trasciendes tu *Yo del 1%*, abres de par en par las puertas a los milagros, los pequeños y los grandes.

Estos son algunos consejos útiles:

- Resiste el deseo de elegir la ruta fácil y rápida. Mantente en el camino que exige más esfuerzos y que está lleno de obstáculos.

- Resiste el deseo de complacer a tu ego para librarte de tu inseguridad. En lugar de ello, absorbe la ansiedad.

- Resiste el deseo de mostrar cuán inteligente o gracioso eres; interpreta el molesto papel del segundón. Por supuesto, si te sientes más cómodo ocupando un lugar secundario, cambia al rol del líder.

- Resiste las ganas de reaccionar con ira y demostrar quién es el jefe. Deja que la otra persona piense que es mejor que tú y disfruta el dolor que tu ego siente.

- Resiste el deseo de "poner en su lugar" a las otras personas cuando te hacen algo malo, aun cuando tú tengas toda la razón. En lugar de eso, dales amor y bondad.

Sugerencias como éstas ayudan, pero la verdad es que debes aventurarte en la *Zona de lo Terriblemente Incómodo* para ser testigo y experimentar los milagros por ti mismo. Entonces conocerás el poder. No tendrás que limitarte a tener una fe ciega.

TÉCNICA N°3
ACTIVA EL PODER DEL
ENTUSIASMO

Un gran Kabbalista que vivió hace 500 años, reveló un importante secreto y una técnica para activar esa fuerza llamada milagro. Su nombre era Rav Isaac Luria, pero era conocido como *el Arí*, que significa "el león sagrado".

El Arí dijo que el *entusiasmo* es un ingrediente clave en la fórmula para realizar milagros. En otras palabras, si estás deprimido, dubitativo o cínico cuando buscas un milagro, ese viejo espejo en el cielo reflejará tu depresión, duda o cinismo. Esto significa que no hay milagro.

Si estás hundido en una crisis y quieres meditar, orar y cambiar tu carácter para provocar un milagro, debes *además* despertar en ti un tremendo entusiasmo y una gran certeza. Es necesario que convoques todos aquellos sentimientos que experimentarías si el milagro estuviera exactamente delante de tus narices. Debes comportarte como si el milagro *ya* fuera real. Debes encender el mismo entusiasmo y la misma felicidad que tendrías si estuvieras sosteniendo el milagro en tus propias manos.

¿Por qué? Lee esto con atención:

Si tu certeza y entusiasmo *ya* se encuentran en el mismo nivel que en el futuro —cuando el milagro ocurra verdaderamente— entonces el espejo del cielo, ese *Reino del 99%*, te reflejará de vuelta ese mismo entusiasmo y certeza *ahora mismo*. Y la única forma en la que el *Reino del 99%* puede lograr que estés *tan* entusiasmado y seguro es . . . *¡entregándote el verdadero milagro!*

Lee la técnica N° 3 varias veces. Lleva un tiempo entenderla.

TÉCNICA N°4
ACEPTA LA RESPONSABILIDAD POR TODO

¿Cuál es el origen de todo el caos y el dolor que hay en tu vida?

Tu comportamiento reactivo hacia otros.

Te guste o no, así es. No son las personas que no te agradan. No es que tengas sobrepeso, que no seas atractivo, o lo suficientemente brillante. No es tu dieta. No son los políticos corruptos. No son los actos fortuitos como terremotos, inundaciones o virus mortales. Tampoco es la familia en la que has nacido. De hecho, *El Zóhar* revela una verdad asombrosa: los niños, en realidad, eligen a sus padres antes del momento de la concepción. El alma de un niño selecciona la familia apropiada en la cual va a nacer.

¡Y ahí se desvanece esa excusa! Tú elegiste a tus padres; tus hijos también te eligieron. Todos se eligieron unos a otros porque sabían de antemano qué equipaje traería cada uno a la mesa. Y ese equipaje tiene un solo gran propósito: desencadenar reacciones dentro de ti, aquellas que te dan la oportunidad de elevarte por encima de ellas y crear milagros.

Sí, la vida es así de simple. El problema es que el 99,9% del tiempo reaccionas, respondes, devuelves el golpe y dejas que todos te provoquen sin parar. Y así nada cambia. Los milagros no suceden, y tú culpas al mundo.

¡A Quién le Importa la Moral!

Si necesitas un milagro de cualquier tipo, debes asumir la responsabilidad. Debes convertirte en responsable de tu desdicha. Pero no porque pienses que es lo correcto. ¡Tonterías! A la Kabbalah no le interesa la moral o los ideales. La Kabbalah trata sobre el interés propio del alma. Cuando te haces responsable, enciendes el poder de los milagros. *Tú* eres el que te beneficias de esa acción.

¿Qué Obtengo Yo a Cambio?

Si no has podido conseguir un milagro a través de un comportamiento responsable y una vida proactiva, nunca encontrarás en la moral la motivación para volverte responsable y proactivo. La moral no te proporciona motivación suficiente. Quizá lo haga por escrito, y seguramente desde un punto de vista intelectual. Pero en la vida real, nunca. La moral nunca ha cambiado a nadie, ni lo hará.

Cuando finalmente logres despertar y darte cuenta de que *tú* eres la causa de tu propio caos, y aceptes genuinamente la dura verdad al 100%, te elevarás por encima del *Yo del 1%* y entrarás en contacto con el *Reino del 99%*, la fuente de todos los milagros.

¡Ésa es la recompensa por aceptar tu responsabilidad! En el proceso, te convertirás en un productor de milagros.

LOS MILAGROS VERDADERAMENTE DIFÍCILES

Hacerte responsable de todo aquello que te aflige es muy fácil de describir, pero nada fácil de lograr. Nunca jamás subestimes el desafío de asumir la responsabilidad de tu desdicha, especialmente cuando una grave enfermedad o un serio problema financiero te golpean. Resulta muy fácil decirte lo que necesitas hacer para resolver un problema; sin embargo, llevarlo a cabo puede ser casi imposible cuando te encuentras en medio de una crisis.

Así que, siéntate por un momento. Relaja tu mente. Abre tu corazón. Deja ir todas las dudas, *sólo por un momento*. Libera todas tus ideas preconcebidas sobre la vida y la muerte, la curación y la medicina, y deshazte de todas las condiciones sociales e influencias populares y culturales que han marcado tu vida.

Permanece quieto.

Ahora lee esto con cuidado . . .

Paros Cardíacos

Supongamos que a una persona se le diagnostica colesterol alto y el médico descubre graves bloqueos en sus arterias. Por lo general, un cardiólogo suele recetar varios fármacos para disminuir el nivel de colesterol con el propósito de tratar los síntomas.

¿Sabías que no fue hasta la década de los ochenta que la ciencia médica pudo identificar el colesterol, los depósitos de grasa y las arterias bloqueadas como la causa principal de los ataques cardíacos?

Fue en el año 1984. Un informe publicado por el Instituto Nacional de Salud de los Estados Unidos, titulado "Disminuir el colesterol sanguíneo para prevenir enfermedades cardíacas", afirmaba lo siguiente:

- El colesterol es una sustancia grasa. Existen dos tipos:

- El colesterol "malo", que tiende a obturar los vasos sanguíneos y

- El colesterol "bueno", que en realidad ayuda a desatascar las arterias.

Mucho colesterol malo puede bloquear tus arterias y causar paros cardíacos, derrames cerebrales y la muerte. Nada bueno.

El colesterol bueno elimina el colesterol malo, previniendo los paros cardíacos. Eso es bueno. La grasa trabaja de la misma manera. Hay grasas buenas que desbloquean las arterias y grasas malas que las bloquean.

Y ahora viene lo fuerte.

Según *El Zóhar*, tus emociones reactivas del 1% —principalmente la ira, la rabia, el ego y la envidia— se manifiestan en tu hígado. Ésta es la causa subyacente de las dolencias cardíacas, la enfermedad y la muerte.

Tal como dice *El Zóhar*:

> *"Del hígado (. . .) emerge la bilis, que es la espada del Ángel de la Muerte. De la bilis salen gotas amargas para matar a los seres humanos".*

El Zóhar continúa diciendo que esas gotas amargas que vienen del hígado y la bilis "se ofrecen al corazón" si eres reactivo, y luego "se depositan en las arterias del corazón y todas las arterias en las extremidades del cuerpo."

¿Y sabes qué?

El colesterol proviene del hígado. El hígado secreta la bilis, y el componente principal de la bilis es —lo has adivinado— ¡el colesterol!

El Zóhar también dice que si eres proactivo y te comportas bondadosamente, entonces tu hígado produce "sustancias grasas puras", que se ofrecen a tu corazón a través de las arterias, lo cual te trae salud.

El antiguo *Zóhar* y la ciencia moderna están de acuerdo: el bloqueo de tus arterias debido al colesterol malo causa paros cardíacos, derrames y la muerte. El colesterol bueno y las grasas buenas previenen dichas enfermedades.

LA CAUSA DE TODAS LAS CAUSAS

¿Cuál es el origen de toda enfermedad? *Tu comportamiento hacia los demás*, en esta vida o en vidas anteriores. Puedes negarlo. Puedes reírte de ello. O puedes aceptarlo y empezar a cambiar tu mundo.

La salud no está relacionada con los alimentos que comes. En realidad, ni siquiera tiene que ver con tu ADN o tus genes. Éstas son simplemente las armas utilizadas para cargar una retribución kármica sobre ti, una retribución que tiene su origen en tus propias acciones egocéntricas e intolerantes. ¿Quién aprieta el gatillo para activar la enfermedad y permitir que esos alimentos o genes te maten? Tú lo haces.

En otras palabras, *El Zóhar* pregunta: ¿Por qué un alma elige un cuerpo con un ADN específico y una predisposición a la enfermedad en primer lugar? ¿Por qué un alma elige nacer en una familia en particular en este mundo físico?

¿Y por qué algunos genes que causan enfermedades

se activan mientras que otros se mantienen latentes?
¿Por qué una persona de una familia que fuma un paquete de cigarrillos diario sufre un infarto cuando otra persona de la misma familia que fuma cinco paquetes al día vive hasta los 100 años?

He Aquí la Respuesta del *Zóhar*

Un asaltante desconocido dispara a un individuo en un callejón oscuro, matándolo al instante. El informe final de la policía, que cuesta a los contribuyentes un dineral, describe con precisión cómo la bala causó el daño, abriéndose paso por aquel hueso y aquel otro tejido.

Una información bastante inútil, ¿verdad? ¿Por qué? Porque la próxima semana el asesino atacará de nuevo, disparando y matando a otra persona. Esta vez obtendremos otro informe policial, que costará a los contribuyentes otra fortuna, y que explicará cómo esta vez la bala hizo estragos en la nueva víctima. Pero la Kabbalah se pregunta: ¿a quién le interesa la física de las balas atravesando la carne y el hueso humanos?

La pistola es sólo un arma. La bala es simplemente otra arma.

Por el contrario, nosotros queremos saber:

¿Quién apretó el gatillo?

Una vez que la policía haya atrapado al asesino, entonces habremos llegado a la causa principal de los asesinatos. Todos esos estudios médicos interminables que leemos todos los días en el periódico acerca de las causas de los paros cardíacos y otras enfermedades ¡no tienen ningún sentido! Para encontrar la verdadera causa, debes mirar más cerca de tu hogar.

LOS NEGOCIOS TAMBIÉN SUFREN PAROS CARDÍACOS

El Zóhar explica que el bloqueo de las arterias también puede producirse en distintas áreas de la vida. En última instancia, todas las enfermedades de la sociedad tienen una causa raíz: la interacción mutua entre las personas.

Fundamentalmente, todas las relaciones en la vida son "arterias". ¡Las relaciones son la clave de todo! Por ejemplo, un bloqueo puede surgir en una relación matrimonial. Cuando se bloquea esta arteria en particular, el amor y la pasión ya no pueden fluir entre el marido y la esposa. Llámalo un paro cardíaco o una muerte del matrimonio.

Tus relaciones de negocios también son arterias, salvo que éstas conectan empleados con empleadores, mayoristas con minoristas y compradores con vendedores.

El dinero que circula hasta ti a través de los negocios

que haces o el trabajo que desempeñas viaja por estas arterias. Y cuando éstas están obturadas por coágulos de codicia y ego, la buena fortuna no puede llegar hasta ti. Ten en cuenta que si cometes fraude en tus negocios, estos bloqueos también pueden aparecer en las arterias físicas de tu cuerpo. En otras palabras, si bien puedes prosperar en el negocio aun realizando operaciones poco honestas, también es posible que termines pagando por ello con un triple bypass o una mala relación con tus hijos.

Todas las relaciones personales del mundo —ya sea entre colegas, entre cónyuges, entre hermanos, entre padres e hijos o entre dos naciones— son arterias espirituales que pueden bloquearse y causar una enfermedad cuando las personas se comportan mutuamente con intolerancia.

Cada vez que interactúas con alguien en tu vida, tanto con un amigo o familiar como con un desconocido o un enemigo, ello repercute en las arterias que hay en tu vida y que se extienden hasta el mundo. Si tu comportamiento en esas relaciones está gobernado por el *Yo del 1%* y por tu propio interés, éste crea un "depósito de grasa". Y si el bloqueo continúa sin subsanarse, aparece la "enfermedad".

Esta enfermedad puede manifestarse en forma de pobreza, guerra, divorcio, niños consumiendo drogas, ansiedad, una familia disfuncional, terrorismo global o un típico paro cardíaco. Al final, es tu comportamiento lo que determina la buena o la mala salud que tienes.

ERRADICANDO AL CULPABLE

Es muy fácil echar la culpa de tus dolores y sufrimientos a la dieta, al destino, la naturaleza, los colegas perversos, los genes, los conductores borrachos o a tus enemigos.

Es condenadamente fácil centrarse en el arma y no en el verdadero culpable.

Este enfoque de la vida te absuelve de toda responsabilidad personal. Y, después de todo, ¿quién quiere mirarse en el espejo? Lo cual nos lleva a la pregunta más importante:

> *¿Cómo creas un milagro que cure tu enfermedad, ya sea en el trabajo, en el matrimonio o en tu salud?*

Tal como ha hemos explicado, el primer paso es la responsabilidad. Y éste, sin duda, es el paso más difícil de dar.

Debes abandonar el papel de víctima. Debes darte cuenta de que tu enfermedad se debe a algo que hiciste, en esta vida o en otra. Luego, debes concentrarte en transformar el rasgo responsable, es decir, la cualidad negativa de tu carácter que causó tu comportamiento reactivo en el pasado.

Una vez que hayas hecho esto, habrás logrado dos cosas:

1. Asumir la responsabilidad es una acción totalmente fuera de la propensión natural del ser humano. Por lo tanto, acabas de apagar tu *Yo del 1%* y de realizar un gran cambio dentro de ti. Eso es un milagro, y el universo debe reflejar de vuelta ese milagroso esfuerzo en tu vida.

2. Al buscar el rasgo propio que causó tu reacción en primer lugar, y al hacer el esfuerzo de eliminarlo de tu naturaleza, acabas de realizar otro gran cambio interno en tu carácter. Una vez más, el *Reino del 99%* reflejará

este cambio milagroso enviándote un milagro a cambio.

Sólo cuando aceptes el 100% de la responsabilidad, y sólo entonces, las herramientas de la Kabbalah atraerán la Luz del Creador para que puedas ser curado.

LA TECNOLOGÍA PARA REALIZAR MILAGROS

Aunque la metodología es simple, la práctica no lo es. Sin duda, realizar milagros es un desafío. Por esta razón, los antiguos kabbalistas ofrecieron las herramientas que hemos expuesto aquí para ayudarte a acelerar el proceso de liberación de tu verdadero *yo*, el *Yo del 99%*.

Este libro ha sido escrito para compartir contigo la tecnología de la realización de milagros y para ayudarte a comprender cómo funciona la realidad y por qué lo hace así. En otras palabras:

- **Ahora conoces la naturaleza de la realidad.** Una cortina divide la realidad en dos: por un lado, el *Reino del 99%*, la fuente de todos los milagros y la alegría; y por el otro, el *Reino del 1%*, la fuente de todo el caos y el dolor.

- **Ahora sabes por qué estás aquí.** Los seres humanos le pedimos al Creador que ocultara toda la felicidad y el poder para realizar milagros detrás de una cortina, con el fin de que pudiéramos crear nuestra propia felicidad y milagros mediante nuestro propio esfuerzo aquí, en el *Reino del 1%.*

- **Ahora tienes la fórmula para realizar milagros.** Debes resistir los impulsos de tu ego y de tu naturaleza del 1%. El grado de tu cambio milagroso de carácter en una circunstancia determinada invoca una energía milagrosa del *Reino del 99%* de igual medida. Cuanto más cambies, mayor será el número de milagros que recibas. Cuanto más significativo sea tu cambio, más significativos serán tus milagros. Dado que los milagros son acontecimientos extraordinarios, debes realizar acciones extraordinariamente positivas para atraer tales fuerzas sobrenaturales.

Sin duda, dejar de lado la ira, la venganza, la preocupación y el miedo para asumir la responsabilidad de todo lo malo que te sucede en la vida es una tarea monumental. Es un gran proyecto. Nunca debes subestimar el poder del *Yo del 1%*, pues éste tiene muchas capas y velos que lleva toda una vida poder eliminar. No obstante, cada vez que quitas un velo, cada vez que vences al *Yo del 1%*, recibes como respuesta un milagro.

Si eliges seguir el camino de transformación de la Kabbalah, tu viaje estará repleto de milagros y maravillas, grandes y pequeños, a lo largo de todo el camino. Es mucho mejor que un camino de dolor. La buena noticia es que tú mismo puedes acelerar el proceso para atraer milagros más grandes y fascinantes. Ah, ¿te gustaría saber cómo hacerlo? Está bien, llegados a este punto podemos hablar acerca de las herramientas adicionales.

Tecnología para el Alma

La Kabbalah es una tecnología, no una religión (la cual

requiere considerar las cosas desde la fe). Existen algunos libros que contienen más tecnologías necesarias para conectarte con el *Reino del 99%*. Te recomiendo los siguientes: *El Zóhar*, *Los 72 Nombres de Dios* y *El Libro del Hilo Rojo*.

Una vez que hayas establecido una conexión con el *Reino del 99%*, atraerás energía a tu vida. Esta energía rasgará gradualmente los velos del *Yo del 1%*. Cuanto más utilices la tecnología, más fortaleza y poder adquirirás para elevarte por encima de tus reacciones.

Así que ahora ya lo sabes. ¿Estás entusiasmado? ¿Te sientes lleno de pasión?

Estos secretos, a pesar de estar escritos aquí en un tono sencillo y ligero, tienen miles de años de antigüedad y son profundamente poderosos. Mucha sangre se ha derramado a través de los siglos, tratando de ocultar esta sabiduría a la gente como tú o como yo. Dicho sea de paso, tu apreciación de este hecho te ayudará a atraer milagros a tu vida.

HAZ UN MILAGRO AHORA

Esta es tu primera oportunidad para realizar un pequeño cambio en tu carácter ahora mismo. Aprecia la sabiduría de este libro. Profundamente. Ves a lo más profundo de ti y encuentra un camino para estar agradecido y feliz por la oportunidad de aprender algo sobre la vida, según la sabiduría de la Kabbalah. Ten en cuenta que los kabbalistas de la historia nunca requerirían tu apreciación. No estás haciéndolo por ellos; lo estás haciendo por ti mismo. La verdadera apreciación requiere un pequeño cambio de carácter, y es así como fabricas milagros.

Cuando sientas una verdadera apreciación por esta sabiduría, obtendrás un milagro como respuesta.

Cuando consigas tu milagro, escríbeme una carta, envíame un correo electrónico o entra en www.72.com y comparte tu historia con nosotros.

Y recuerda:

"No existe problema alguno que un buen milagro
no pueda resolver"
—Desconocido

Como parte de un compromiso constante de acercarte la tecnología que transforma vidas, estamos desarrollando un programa de formación telefónica. Próximamente podrás trabajar directamente con un dedicado profesor de Kabbalah que te ayudará a desarrollar tu capacidad para crear milagros en tu vida de una forma frecuente.

Si de algún modo este libro te ha inspirado y deseas saber cómo puedes continuar enriqueciendo tu vida a través del poder de Kabbalah, esto es lo que puedes hacer: Lee el libro *El poder de Kabbalah* o escúchalo en cintas de audio.

El Poder de Kabbalah

Imagina tu vida colmada de alegría infinita, propósito y satisfacción. Imagina tus días repletos de pura comprensión y energía. Éste es el Poder de Kabbalah, el camino desde el placer momentáneo —con el que la mayoría de nosotros nos conformamos— hasta la plenitud duradera a la que debemos aspirar. Tus deseos más profundos están esperando ser realizados. Pero éstos no se limitan al placer temporal de cerrar un buen trato de negocios, la sensación placentera que te proporcionan a corto plazo las drogas o una apasionada relación sexual que dura sólo unos pocos meses.

¿Te gustaría experimentar un sentimiento duradero y estable de plenitud y paz, sin importar lo que ocurra a tu alrededor? La plenitud completa es la promesa de la Kabbalah. A lo largo de estas páginas aprenderás cómo mirar y vivir tu vida de una forma totalmente nueva. Comprenderás tu propósito en la vida y cómo recibir los abundantes dones que te están esperando. Al realizar la gran transformación de ser reactivo a ser proactivo, incrementarás tu energía creativa, tomarás el control de tu vida y disfrutarás un nuevo nivel espiritual de existencia. Las antiguas enseñanzas de la Kabbalah tienen su raíz en la perfecta unión de las leyes físicas y espirituales que hacen funcionar tu vida. Prepárate para experimentar este apasionante reino de conciencia, significado y felicidad.

La maravilla y la sabiduría de la Kabbalah han influenciado de manera predominante en las mentes espirituales, filosóficas, religiosas y científicas más destacadas del mundo. Sin embargo, hasta ahora, aquella sabiduría ha permanecido oculta en textos antiguos y ha estado disponible solamente para eruditos que sabían dónde buscarla. Hoy, después de tantos siglos, el Poder de

Kabbalah reside aquí, en este increíble libro. Sí, aquí está por fin el camino completo y simple, las acciones que puedes llevar a cabo para crear la vida que verdaderamente deseas y mereces.

Cintas de audio de *El Poder de Kabbalah*

El Poder de Kabbalah no es más que una guía del usuario para el universo. Avanza desde el lugar donde te encuentras ahora hasta allí donde quieres llegar; emocional, espiritual y creativamente. Esta interesante serie de cintas te trae la voz de las antiguas y auténticas enseñanzas de la Kabbalah en un poderoso y práctico formato de audio.

Puedes encargar estos productos en nuestra página Web o contactando con Ayuda al Estudiante.

Ayuda al Estudiante: Instructores capacitados se encuentran disponibles 18 horas al día. Estas personas dedicadas están deseosas de contestar a tus preguntas sobre la Kabbalah y guiarte a través de tu esfuerzo por saber más. Llama al **1-800-kabbalah**.

MÁS PRODUCTOS QUE PUEDEN AYUDARTE A INCORPORAR LA SABIDURÍA DE LA KABBALAH EN TU VIDA

El Libro del Hilo Rojo: El Poder de la Protección
Por Yehudá Berg

¡Lee el libro que todo el mundo lleva puesto!

Descubre la tecnología ancestral que da poder al popular Hilo Rojo, la herramienta más ampliamente reconocida de la sabiduría Kabbalística. Yehudá Berg, autor del best-seller internacional *Los 72 nombres de Dios: Tecnología para el Alma*, continúa revelando los secretos de la sabiduría más antigua y poderosa con su nuevo libro *El Hilo Rojo: El poder de la protección*. Descubre el antídoto para combatir los efectos negativos del temido "Mal de Ojo" en este segundo volumen de la serie Tecnología para el Alma.

Descubre el poder real tras el Hilo Rojo y entérate de por qué millones de personas no salen de sus hogares sin él.

Todo está en este libro. ¡Todo lo que siempre quisiste saber sobre El Hilo Rojo pero no te atreviste a preguntar!

El Libro de los Sueños: Encontrando Nuestro Camino en la Oscuridad   Por Yehudá Berg

En *El Libro de los Sueños*, la entrega debut de la serie Tecnología para el Alma, el autor de bestsellers Yehudá Berg levanta el telón de la realidad para revelar los secretos de la verdadera interpretación de los sueños, un saber que se mantuvo oculto durante siglos.

Los lectores descubrirán un sistema muy antiguo para comprender los sueños y aprenderán técnicas poderosas que los ayudarán a encontrar a sus almas gemelas, descubrir oportunidades laborales, ser alertados ante potenciales enfermedades del cuerpo, mejorar las relaciones con los demás, desarrollar una conciencia global más profunda y mucho más.

El estado del sueño es un reino misterioso y fascinante en el que las reglas de la realidad no son aplicables. Este libro es un mapa para que navegues a través del paisaje de los sueños, donde las respuestas a todas las preguntas de la vida te están esperando.

Dios Usa Lápiz Labial
Por Karen Berg

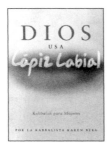

Durante 4.000 años la Kabbalah ha estado prohibida a las mujeres, hasta que una mujer decidió que ya era suficiente.

Dirigiendo los Centros de Kabbalah en todo el mundo junto a su esposo Rav Berg, Karen Berg abrió por primera vez a todas las personas en la Tierra la sabiduría más antigua del mundo.

Ahora, en *Dios Usa Lápiz Labial*, la autora revela el especial rol espiritual que la mujer cumple en el universo.

Basado en los secretos de la Kabbalah, *Dios Usa Lápiz Labial* explica la ventaja espiritual de la mujer, el poder de las almas gemelas, el verdadero propósito de la vida, y conduce una discusión sin límites sobre diversos temas: desde el manejo de las relaciones hasta la reencarnación y el poder sagrado y significado del sexo.

Los 72 Nombres de Dios: Tecnología para el Alma™
Por Yehudá Berg

Todos conocemos la historia de Moisés y el Mar Rojo; incluso se hizo una película basada en el tema que ganó un Oscar. Lo que no se sabe, según el internacionalmente reconocido autor Yehudá Berg, es que una tecnología moderna codificada se esconde en aquella historia bíblica. Denominada *Los 72 Nombres de Dios*, esta tecnología es la clave —tu clave— para librarte de la depresión, el estrés, el estancamiento creativo, la ira, la enfermedad y otros problemas físicos y emocionales. Se trata de la herramienta más antigua y poderosa conocida por la humanidad, mucho más poderosa que cualquier tecnología puntera, incluso la del siglo XXI, para eliminar la basura de tu vida y despertarte al disfrute cotidiano de cada día. En efecto, *Los 72 Nombres de Dios* es la píldora principal para todos los dolores porque actúa sobre el ADN de tu alma.

El poder de los 72 Nombres de Dios funciona estrictamente a nivel del alma, no en lo físico. Se trata de espiritualidad, no de religiosidad. En lugar de estar limitada por las diferencias que dividen a las personas, la sabiduría de los Nombres trasciende las disputas milenarias de la humanidad y los sistemas de creencias para tratar con el único vínculo común que unifica a todas las personas y naciones: el alma humana.

Ser como Dios
Por Michael Berg

A los 16 años, el erudito de la Kabbalah Michael Berg comenzó la titánica tarea de traducir *El Zóhar*, el texto principal de la Kabbalah, de su idioma original, el arameo, a la primera versión completa en inglés. *El Zóhar*, que está compuesto por 23 volúmenes, es un compendio que incluye prácticamente toda la información relativa al universo y su sabiduría, la cual sólo comienza a ser verificada en la actualidad.

Durante los diez años en los que trabajó en *El Zóhar*, Michael Berg descubrió el secreto perdido hace mucho tiempo y que la humanidad ha estado buscando durante más de 5.000 años: cómo llegar a nuestro destino final. *Ser Como Dios* revela el método transformador por medio del cual las personas pueden liberarse de lo que se denomina "naturaleza del ego", para lograr de manera efectiva la dicha total y una vida duradera.

Berg presenta una idea revolucionaria: por primera vez en la historia se le da una oportunidad a la humanidad: la oportunidad de Ser Como Dios.

El Secreto
Por Michael Berg

Como una joya que ha sido meticulosamente cortada y pulida, *El Secreto* revela la esencia de la vida en su forma más concisa y poderosa. Michael Berg comienza por mostrarte cómo la comprensión cotidiana de nuestro propósito en el mundo está planteada literalmente al revés. Cuando hay dolor en nuestras vidas —de hecho, cuando hay algo menos que alegría y realización completas— la causa se halla en este malentendido básico.

El Zóhar Esencial
Por Rav Berg

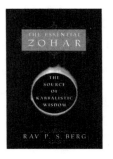

Rav Berg, el más grande Kabbalista de estos tiempos, ha dedicado su vida a poner a disposición de todos la inmensa sabiduría contenida en *El Zóhar*, el documento tradicionalmente conocido como el más esotérico y profundamente espiritual del mundo. *El Zóhar* Esencial se ha propuesto revelar cómo aquella vasta sabiduría y Luz del *Zóhar* se concibieron como un regalo a la humanidad.

El Poder en Ti
Por Rav Berg

Al cabo de los últimos 5.000 años ninguna ciencia ni psicología fueron capaces de resolver un problema fundamental: el caos en la vida de las personas.

Ahora, un hombre nos brinda la respuesta. Él es el Kabbalista Rav Berg.

Bajo el dolor y el caos que afectan nuestras vidas, el Kabbalista Rav Berg trae a la luz un reino oculto de orden, propósito y unidad. Nos revela un universo en el que la mente domina la materia; un mundo en el que Dios, el pensamiento humano y la totalidad del cosmos están misteriosamente interconectados.

Únete al Kabbalista principal de esta generación en un asombroso viaje por el filo de la realidad. Internate en la vasta reserva de sabiduría espiritual que es la Kabbalah, donde los secretos de la creación, la vida y la muerte han permanecido ocultos durante miles de años.

Las Ruedas del Alma
Por Rav Berg

En *Las Ruedas del Alma*, el gran Kabbalista Rav Berg revela la clave para responder a éstas y muchas otras preguntas que se encuentran en el corazón de nuestra existencia humana. Específicamente, Rav Berg nos explica por qué debemos aceptar y explorar las vidas que ya hemos vivido para comprender la vida que llevamos hoy.

No te equivoques: *ya has estado aquí antes.* La reencarnación es un hecho, y así como la ciencia está comenzando a aceptar que el tiempo y el espacio podrían no ser más que ilusiones, Rav Berg muestra por qué la muerte en sí misma es la ilusión más grande de todas.

En este libro podrás aprender mucho más que respuestas a estas preguntas. Comprenderás el verdadero propósito de estar en el mundo y descubrirás las herramientas para identificar a tu alma gemela. Lee *Las Ruedas del Alma* y deja que uno de los maestros kabbalísticos más importantes de nuestro tiempo cambie tu vida para siempre.

THE KABBALAH CENTRE
El Líder Internacional en la Enseñanza de la Kabbalah

Desde su fundación, el Centro de Kabbalah ha tenido una sola misión: mejorar y transformar las vidas de las personas acercando el poder y la sabiduría de la Kabbalah a todos aquellos que deseen ser partícipes de ella.

Gracias a los esfuerzos de toda una vida de los Kabbalistas Rav y Karen Berg, y al gran linaje espiritual del que ambos son parte, 3 millones y medio de personas en el mundo ya han sido conmovidas por las poderosas enseñanzas de la Kabbalah. ¡Y el número aumenta año tras año!

Al Rav y a Karen por su PERSEVERANCIA, AMOR
Y CERTEZA.
Por ser los guías de nuestros guías y permitirnos ser
parte de la transformación de este mundo.
A Michael y Yehuda por traer a nuestras manos tanta
sabiduría, y especialmente a uds. que nos han llevado
de la mano durante esta ardua jornada, difícil pero no
imposible . . . Benz, Ariel, Linda y Tziporah, gracias
por su amistad y amor incondicional.
¡A todos los que de una forma u otra compartimos
este grandioso mérito de ser canales de la LUZ!
¡Que la sabiduría de este libro nos permita crear
muchos milagros y eliminar el caos de nuestras vidas
y el mundo entero!

No se conformen con algo menos que la inmortalidad,
"and let's get the work done!"

Jorge y Marianela